I0190224

I Mandala della Dea Coloratrice

50 Disegni da Colorare per Adulti

Immagini dentro Immagini

Prima Serie

Tankard e Bax

© 2015 Drama Llama Press

Quest'opera è protetta dalla legge sul diritto d'autore. È vietata ogni duplicazione, anche parziale, non autorizzata.

ISBN-13: 978-8894122831
ISBN-10: **8894122832**

Speriamo che questo libro ti sia piacuto. Ci piacerebbe conoscere la tua opinione.
Visita il nostro sito www.dramallamapress.com o scriverci a info@dramallamapress.com

ALLE NOSTRE MERAVIGLIOSE MADRI

CONTENUTI

INTRODUZIONE

Perché un libro da colorare per adulti?

In un mondo frenetico come il nostro, tutti affannati come siamo tra mille impegni, staccare la spina e rilassarsi un po' sembra ormai una missione impossibile. E non è che non ci abbiamo provato!

Anche tu, se sei come noi, avrai provato le solite cosiddette "attività rilassanti" per placare il tuo cervello ribelle. Hai provato a guardare un po' di "TV verità" (verità: come no!) o ad abbuffarti di cioccolato. E funziona? Certo che no!

Lo stress è come una volpe astuta. A un certo punto pensi di averla accalappiata e rinchiusa al sicuro, e invece no. Di punto in bianco eccola che rispunta fuori per tormentarti e ridere di te.

Ma niente paura: la soluzione c'è. Esiste un metodo semplice, efficace e piacevole per calmarsi, rilassarsi e (come se non bastasse) anche per farsi venire idee brillanti e creative e risolvere qualche simpatico rompicapo. Davvero! Puoi veramente rinchiudere lo stress in gabbia fino a quando non decidi tu di liberarlo.

Dato che hai in mano questo libro immagino che avrai già un'idea di quale sia questa soluzione. Esatto: un libro da colorare. Tutti ne abbiamo avuto uno da bambini, ma da qualche tempo anche i libri da colorare per adulti sono decollati. Permettere alla bambina che c'è in te di emergere e accantonare per un po' la babysitter che c'è in te è ora considerato *cool*. Molto *cool*. Talmente *cool* che serve il cappotto.

Colorare è conveniente, accessibile, divertente. E funziona. Non servono strumenti costosi, uniformi, addestramento o un abbonamento in palestra. Bastano dei pastelli o dei pennarelli e un libro da colorare. E per giunta non ti fa ingrassare e non ti fa sentire in colpa. C'è niente di meglio?

Ecco la parte dove si parla di scienza

A tutti piace un po' di scienza, no? È grazie alla scienza che possiamo spiegare la nostra nuova passione a quegli adulti responsabili che ci vedono colorare e pensano che abbiamo perso qualche rotella.

E allora eccola qui.

Lo stile di vita moderno ci fa sentire spesso ansiosi e stressati. Quando siamo troppo indaffarati e sotto pressione il nostro cervello attiva lo stato di "lotta o fuga". La risposta di lotta o fuga è una specie di doposbornia paleolitica ereditata dai nostri antenati cavernicoli. La loro vita quotidiana era piena di pericoli fisici (tigri dai denti a sciabola, alberi in caduta, cavernicoli nemici). E questi pericoli fisici richiedevano una risposta fisica: lotta, scappa. E il nostro organismo reagiva al pericolo producendo sostanze chimiche a carrellate (tanto per usare un termine scientifico) che ci permettevano di lottare come un leone o fuggire come una lepre. Una volta scampato il pericolo, la reazione chimica cessava e noi potevamo tornarcene tranquilli a preparare la nostra zuppa di tirannosauro o a tessere il nostro perizoma all'ultima moda.

Fino a quando si tratta di dover sfuggire a una tigre, questo meccanismo funziona alla perfezione. Ben diverso, invece, è il caso di chi deve starsene gobba su una sedia in ufficio o inscatolata nell'auto durante un ingorgo stradale. Tanti dei cosiddetti "pericoli" del ventunesimo secolo non hanno un bel niente di fisico. Ma il nostro organismo reagisce ancora come se lo fossero, inondandoci adrenalina, norepinefrina e cortisolo, tutte sostanze che servirebbero a farci correre più veloci o a picchiare più duro. Quindi a meno che non prendiamo l'abitudine di correre come una gazzella tra una stanza e l'altra dell'ufficio, o di scagliare la nostra clava contro il capoufficio, tutte queste sostanze restano nel nostro organismo e ci fanno sentire uno straccio.

Quando vogliamo rilassarci ma senza addormentarci o andare alla deriva, lo stato ideale del nostro cervello è il cosiddetto stato alfa. Questo stato ci aiuta a rimetterci in equilibrio, contrastando stress e ansia. L'atto del colorare – con i suoi movimenti semplici, delicati e ripetitivi, la chiara e semplice concentrazione che richiede, la logica, l'associazione con l'infanzia – ci aiuta a passare dall'indaffarato stato beta al piacevole, assorto stato alfa.

Qualche consiglio utile

Colorare è (letteralmente) un gioco da ragazzi. Ma se per caso avete dimenticato come si fa, ecco alcune semplici istruzioni:

- Non ci sono regole.
- Le matite colorate sono più indicate rispetto ai pennarelli, che tendono a permeare la carta.
- Prova a colorare mentre ascolti musica. La musica barocca (Bach, Vivaldi) è particolarmente efficace per condurti allo stato di rilassamento tipico delle onde alfa.
- Non è necessario completare un disegno in una singola seduta. Non sei in ufficio, capito? Non ci sono scadenze.
- Oltre alle matite colorate, non dimenticare di comprare un temperino. Altrimenti dovrai girare per casa in cerca di lame affilate. Non uno scenario ideale per chi è già stressato!
- Cerca di fare attenzione allo stato di rilassamento del tuo corpo. È proprio necessario stringere la matita così forte che le nocche della mano ti diventano bianche? Stai calcando così forte che la matita lascia segni sul foglio successivo? Ti capita troppo spesso di spezzare la punta come se avessi in mano un cerino, invece di una matita colorata? Urli come una iena? Questi potrebbero essere indizi di tensione eccessiva! Prova consapevolmente a rilassarti.
- Se, a dispetto dei nostri consigli, vuoi usare dei pennarelli, metti un blocco di carta o una rivista sotto il foglio. Stesso consiglio se tendi a premere sul foglio come un martello pneumatico, nel qual caso vedi anche il consiglio precedente.
- Quando hai un problema da risolvere o una decisione da prendere, prova a pensarci un po' prima di colorare e poi di nuovo dopo aver colorato. Potresti scoprire che la soluzione si è materializzata come per magia.
- Colorare è un toccasana per il sonno, quindi prova a farlo prima di andare a letto.

- Prova diversi colori e osserva in che modo questi influiscono sul tuo umore. Se vuoi sentirti energica e rivitalizzata, prova con il rosso, il rosa e l'arancione. Se invece vuoi creare un'atmosfera di calma e tranquillità, prova con il blu, l'azzurro e il verde.
- Resisti alla tentazione di analizzare razionalmente le tue opere. Si tratta di colorare. È una cosa che si fa per divertimento e solo per il gusto di farlo. Ricordi come si fa a divertirsi, vero?
- Divertiti!

LE AUTRICI

Fiona Tankard e Kathryn Bax sono due amiche, due "personalità di Tipo A" in via di recupero, entrambe scrittrici e *fiber artist*. Vivono in toscana e nel loro lungo cammino alla ricerca di calma e tranquillità hanno provato innumerevoli rimedi, incluso il fantastico mondo dei libri da colorare per adulti.

Vivono in due paesi a dieci minuti di distanza, nella stupenda Valle del Casentino, la "Toscana nascosta" dei possenti castagni, dei cinghiali, delle belle case in pietra e dei castelli. Un'area abitata anticamente dagli Etruschi, che nei secoli ha ispirato numerosi artisti e in cui sono vissuti San Francesco e Michelangelo.

È in questo ricco paesaggio che Fiona e Kathryn vivono e lavorano. Entrambe allevano piccole "greggi da filatrici": Fiona alleva alpaca e Kathryn capre d'Angora e pecore finniche. Insomma, due signore molto creative che amano lavorare con le parole, con i colori e con il design.

Sogno la mia pittura e dipingo il mio sogno.

Vincent van Gogh

1. TUTTI GLI OCCHI ADDOSSO

Non si può scegliere il modo di morire. E nemmeno il giorno. Si può soltanto decidere come vivere. Ora.

Joan Baez

2. GATTI ARRABBIATI

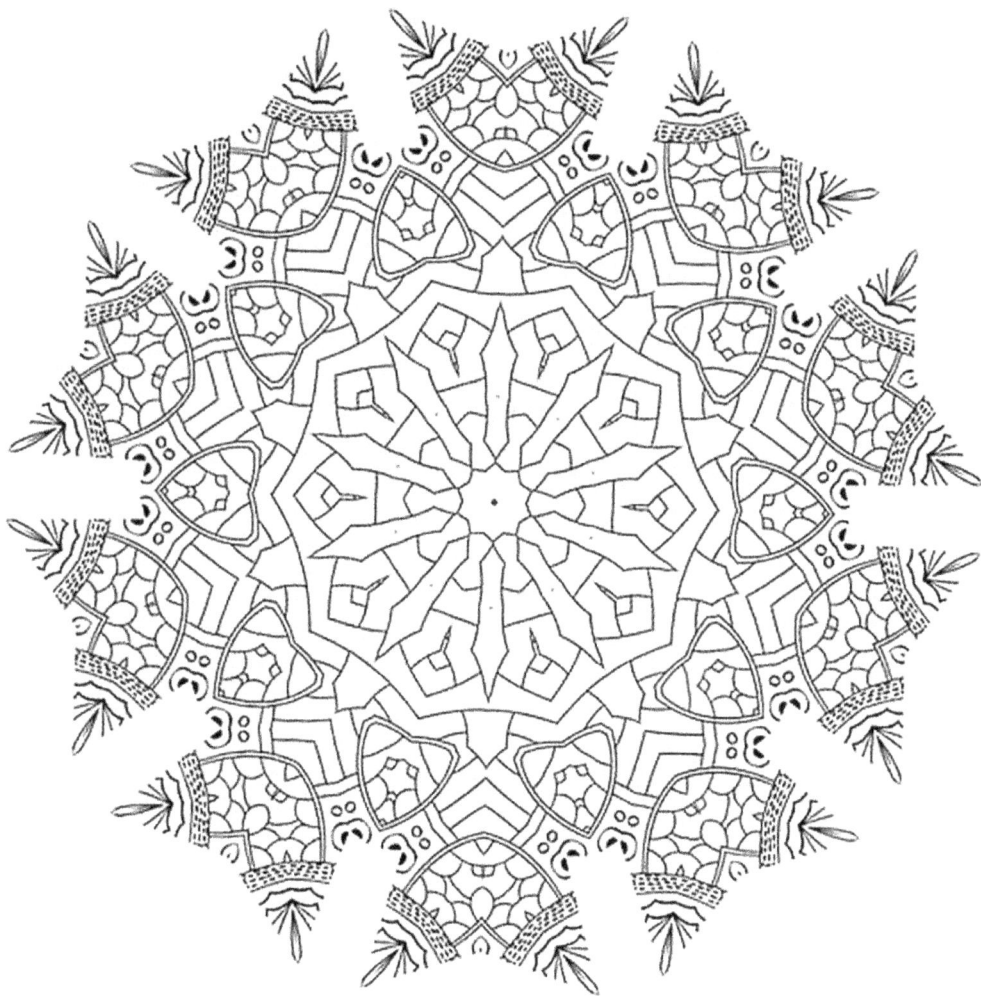

C'è un solo tipo di successo: quello di fare della propria vita ciò che si desidera.

Henry David Thoreau

3. FARI ART DÉCO

Non aspettare il momento perfetto. Prendi il momento e rendilo perfetto.

Anonimo

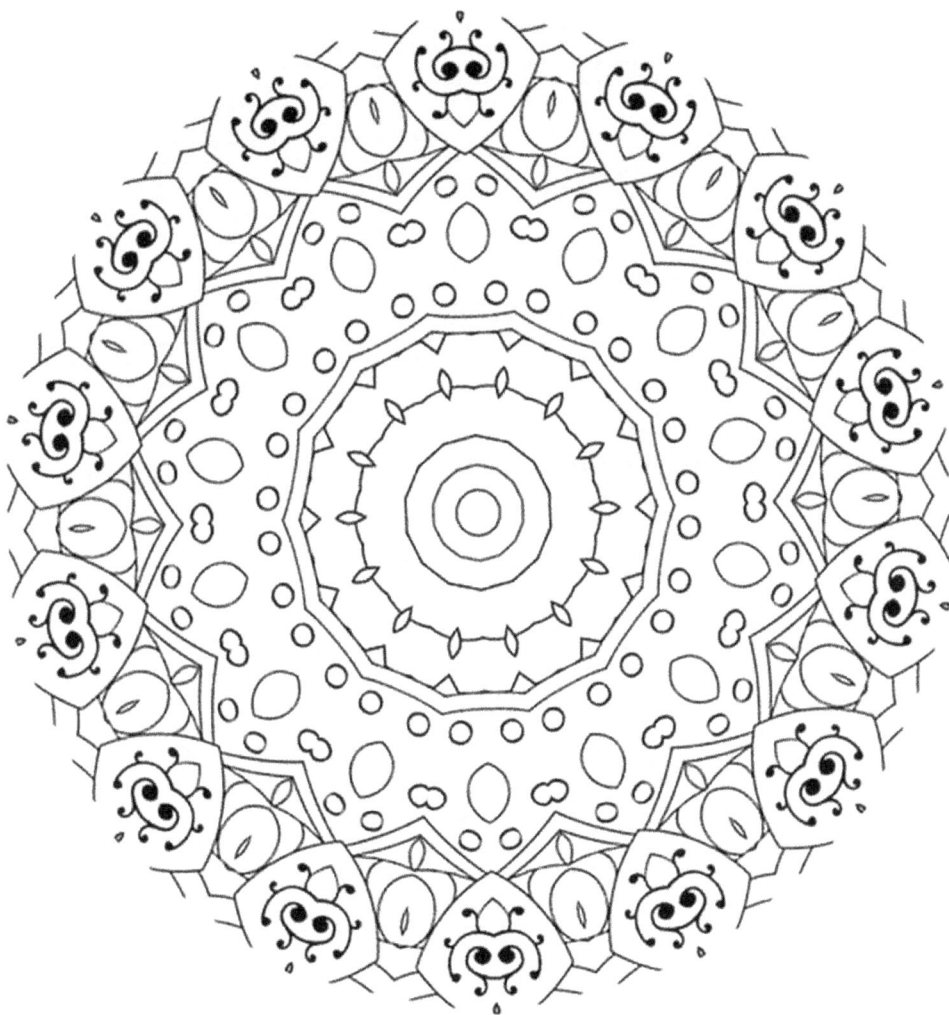

4. API DOPATE

L'ispirazione è un ospite che non visita volentieri i pigri.

Pyotr Ilyich Tchaikovsky

5. DIDIETRO DI SCARAFAGGIO

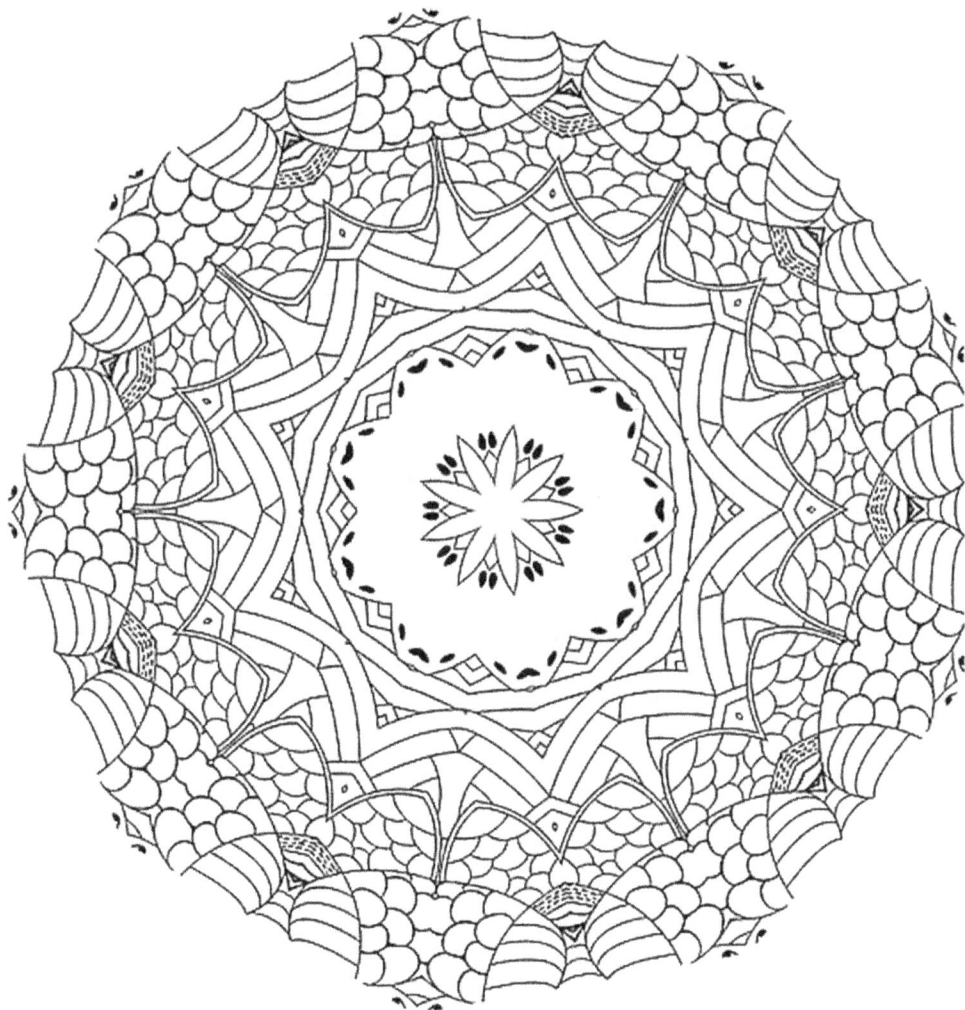

L'intuizione: la parte atrofizzata del cervello che è collegata col cuore e ci consente di ascoltare la voce degli dei.

Massimo Gramellini

6. CACOFONIA DI VOCI BIANCHE

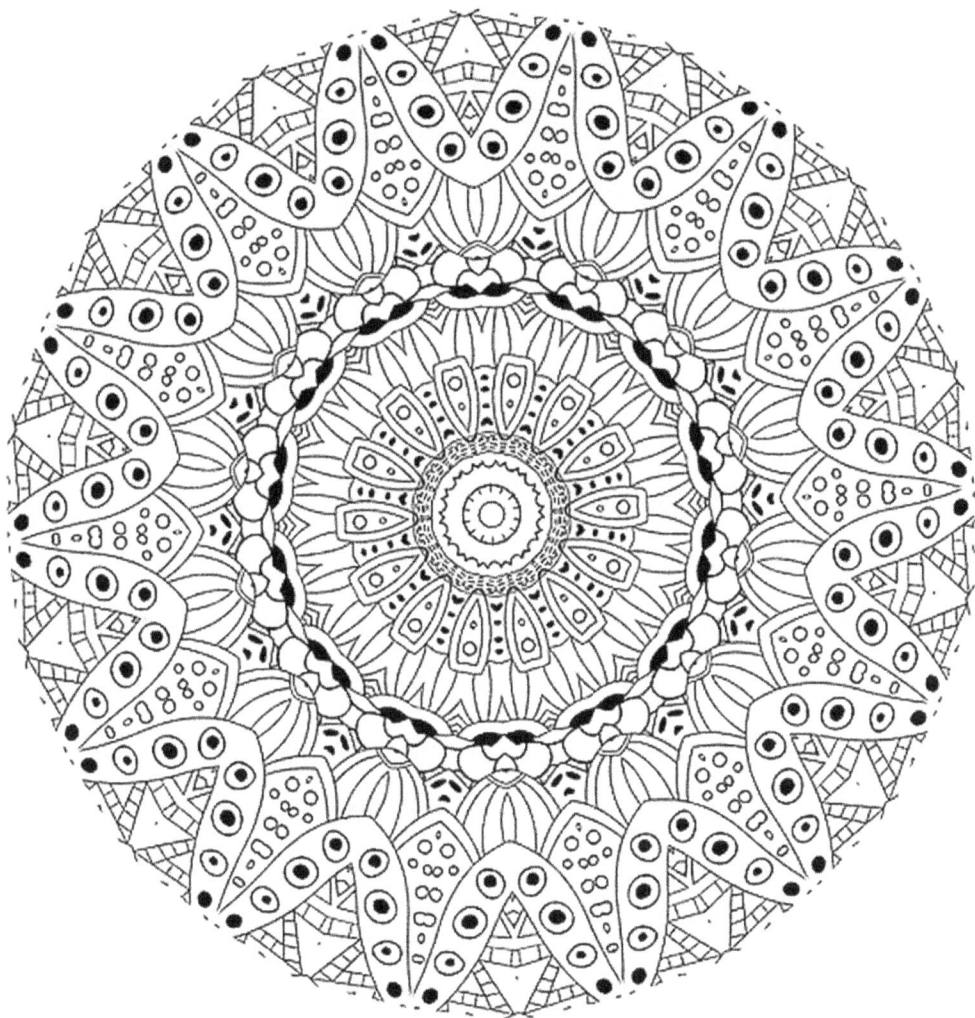

Un'intuizione è la creatività che cerca di dirti qualcosa.

Frank Capra

7. LEOPARDI IN MIMETICA

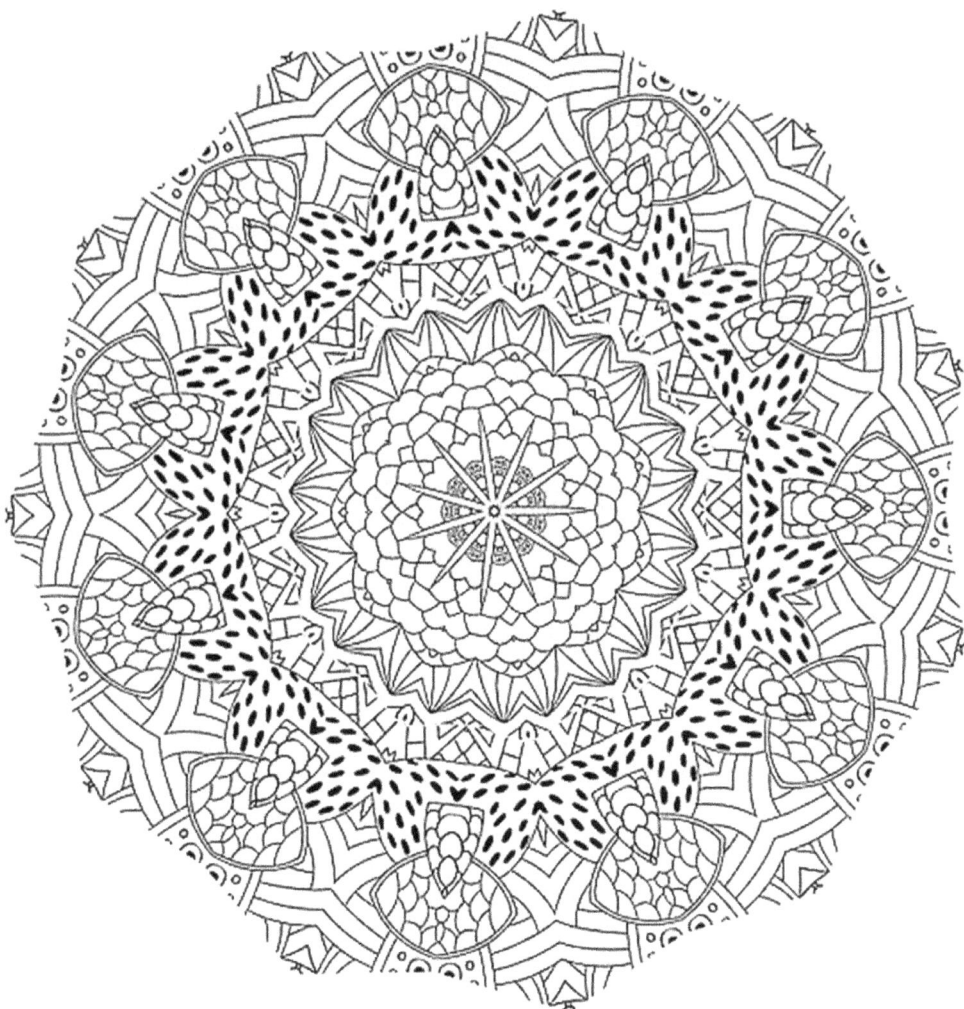

Scegli un lavoro che ami, e non dovrai lavorare neppure un giorno in vita tua.

Confucio

8. CONTADINI CINESI SU TRAMPOLI A MOLLA

l momento migliore per piantare un albero è vent'anni fa. Il secondo momento migliore è adesso

Confucio

9. TEMPLI CINESI

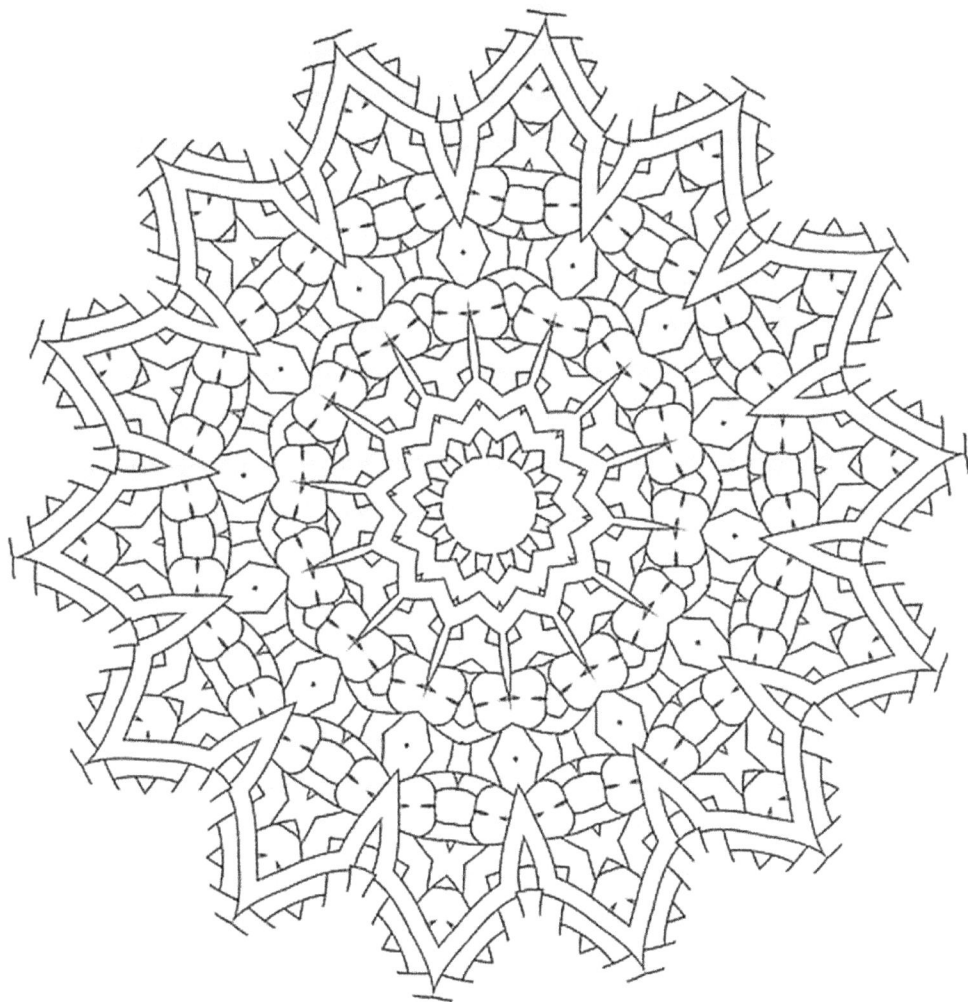

L'uomo più felice è quello nel cui animo non c'è alcuna traccia di cattiveria.

Platone

10. CIMBALI CLAMANTI

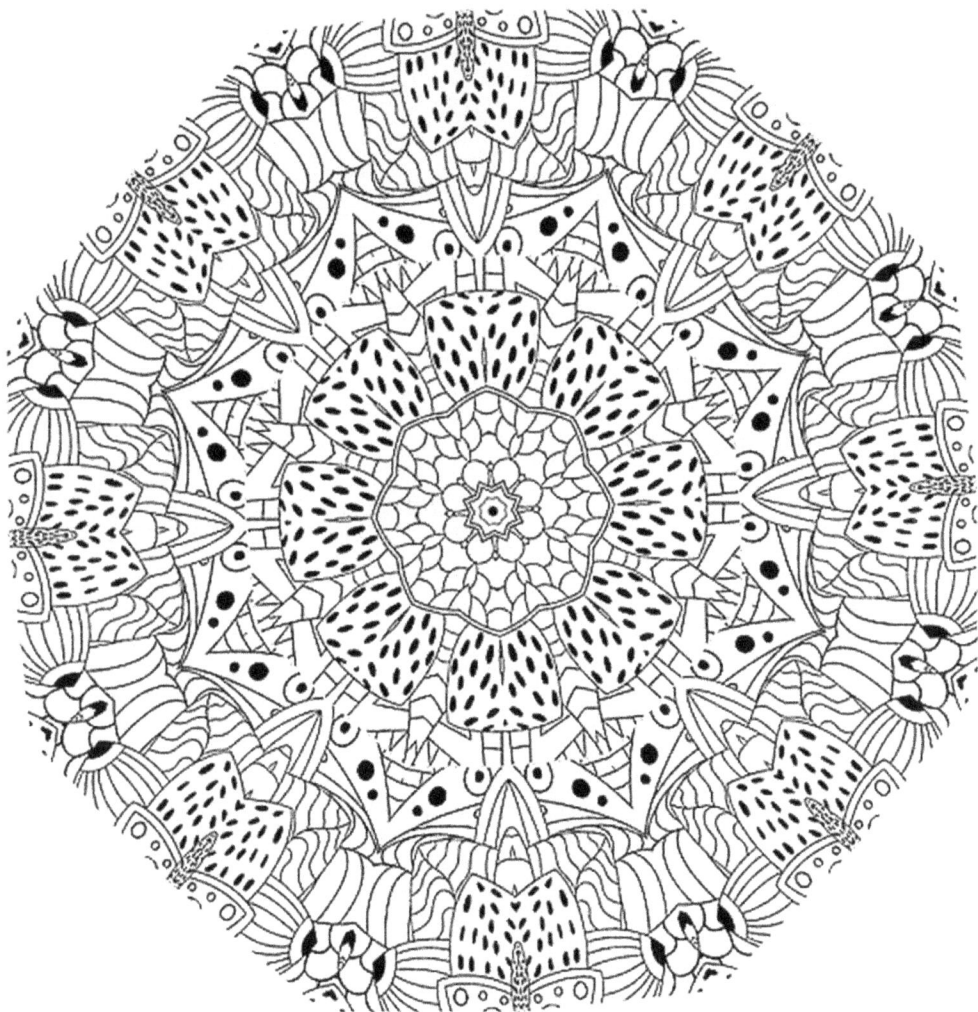

Cercare la felicità fuori di noi è come aspettare il sorgere del sole in una grotta rivolta a nord.

Proverbio Tibetano

11. UCCELLACCI

Abbiamo quaranta milioni di ragioni per fallire, ma non una sola scusa.

Rudyard Kipling

12. CANI MATTI

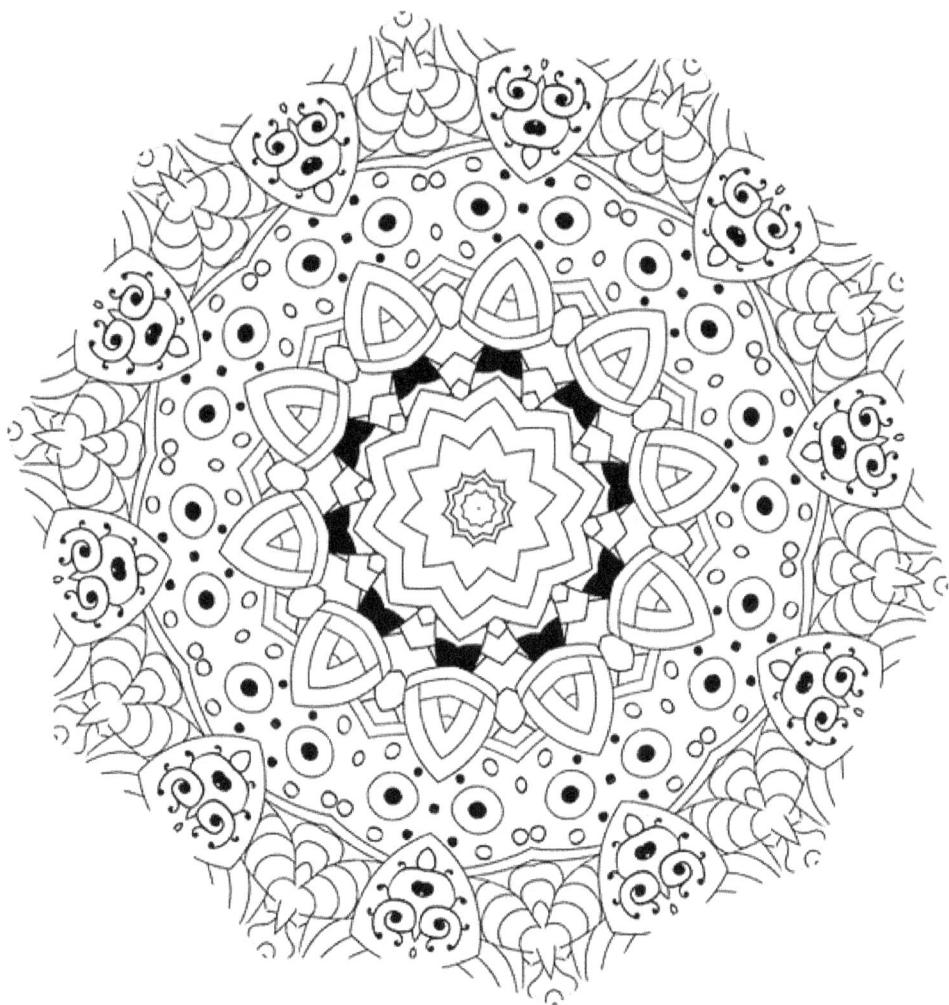

Non arrenderti. Rischieresti di farlo un'ora prima del miracolo.

Proverbio Arabo

13. SCARABEO STERCORARIO DANZANTE

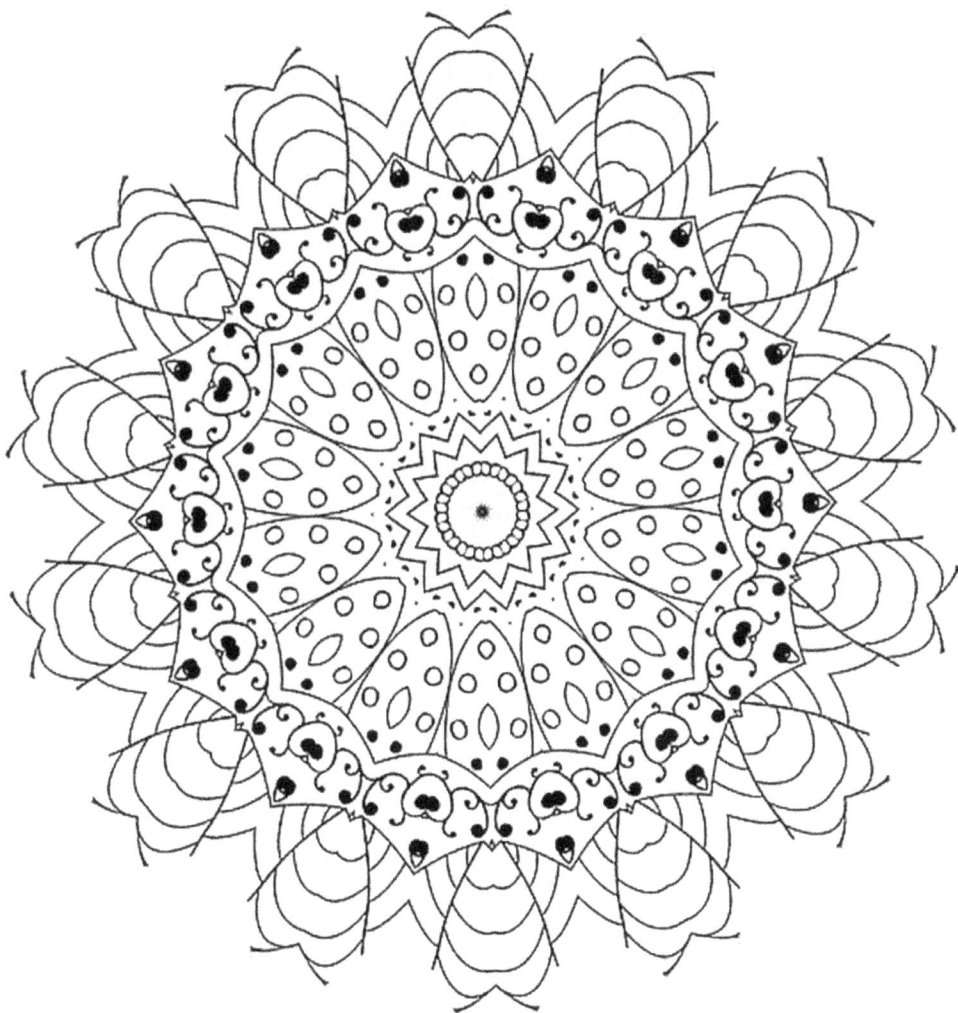

Il futuro appartiene a coloro che credono nella bellezza dei propri sogni.

Eleanor Roosevelt

14. FARAONI ABBAGLIANTI

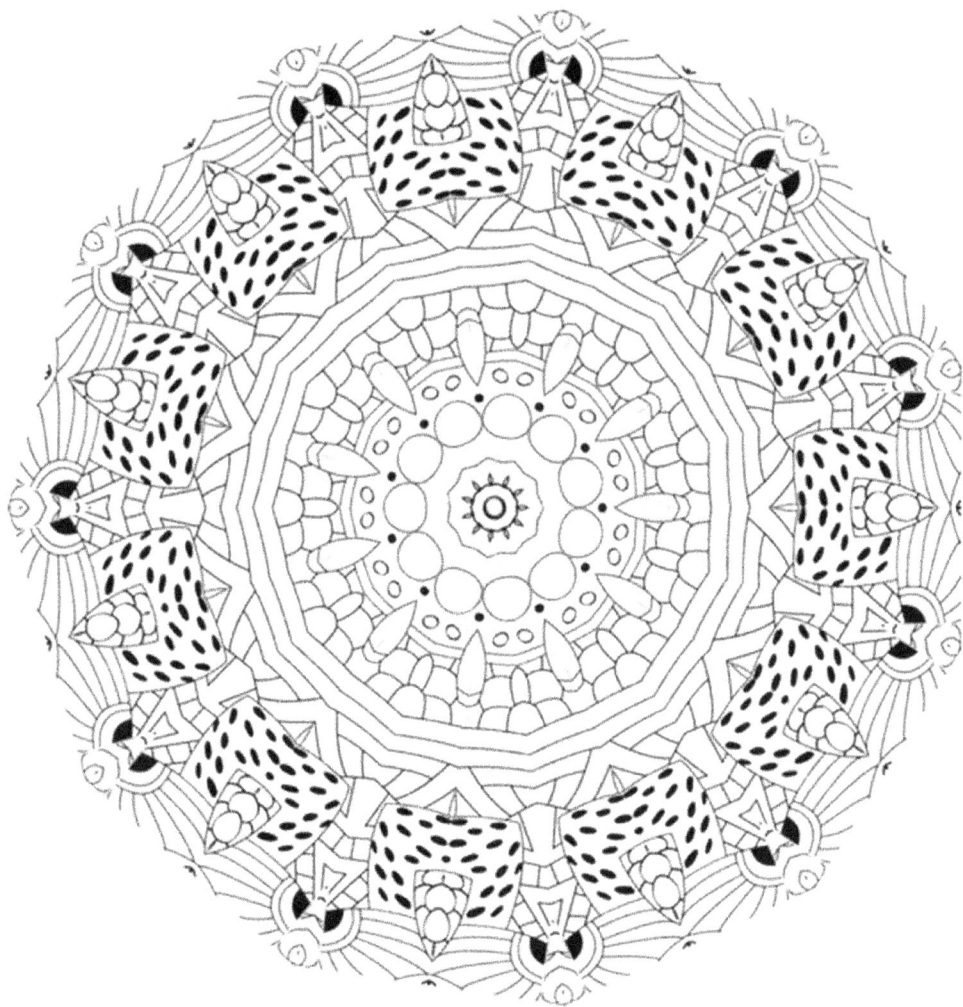

Il più grande spreco nel mondo è la differenza tra ciò che siamo e ciò che potremmo diventare.

Ben Herbster

15. ANATRE DISEGNATRICI

Chiunque smetta di imparare è vecchio, che abbia 20 o 80 anni. Chiunque continua ad imparare resta giovane. La più grande cosa nella vita è mantenere la propria mente giovane.

Henry Ford

16. OCCHI INTORNO LO STAGNO DI GIGLI

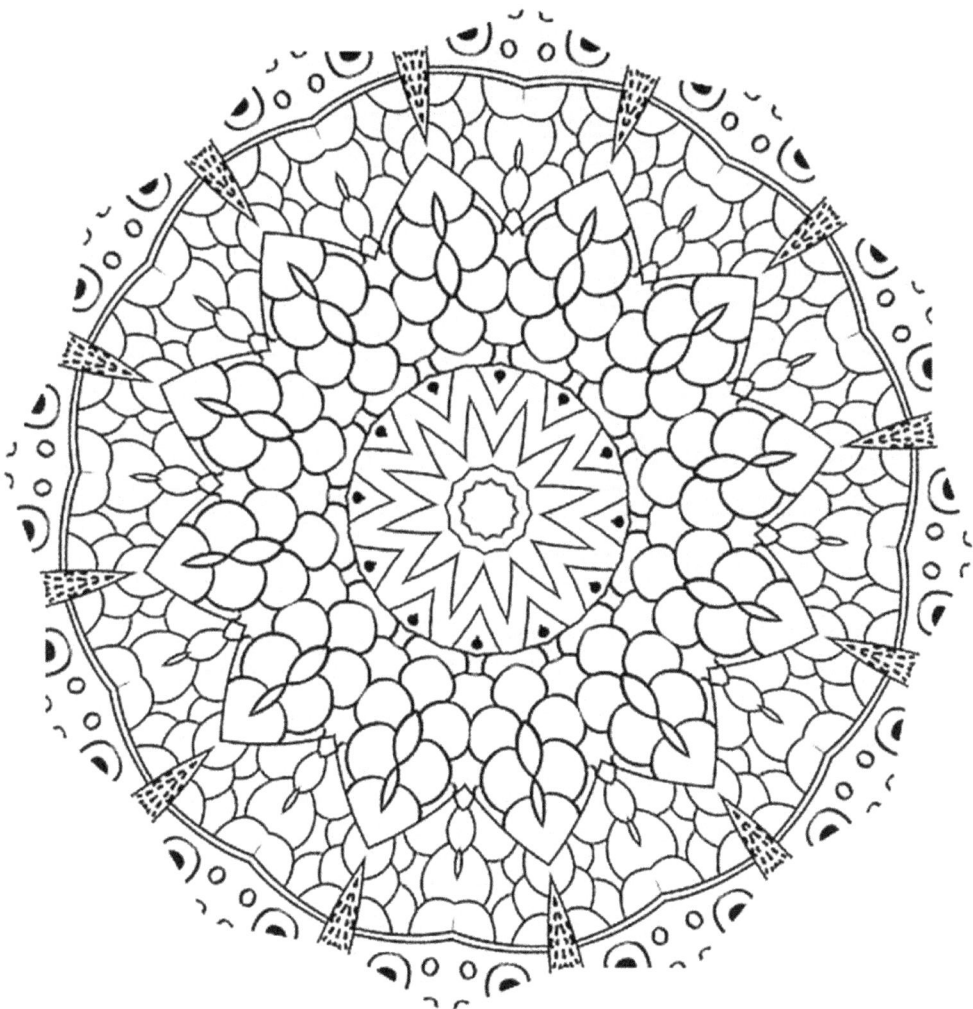

Qual è il padre di qualsiasi azione? Che cosa, alla fine, determina ciò che diventiamo e dove andiamo nella vita? La risposta è: le nostre decisioni.

Anthony Robbins

17. RACCONTI ITTICI

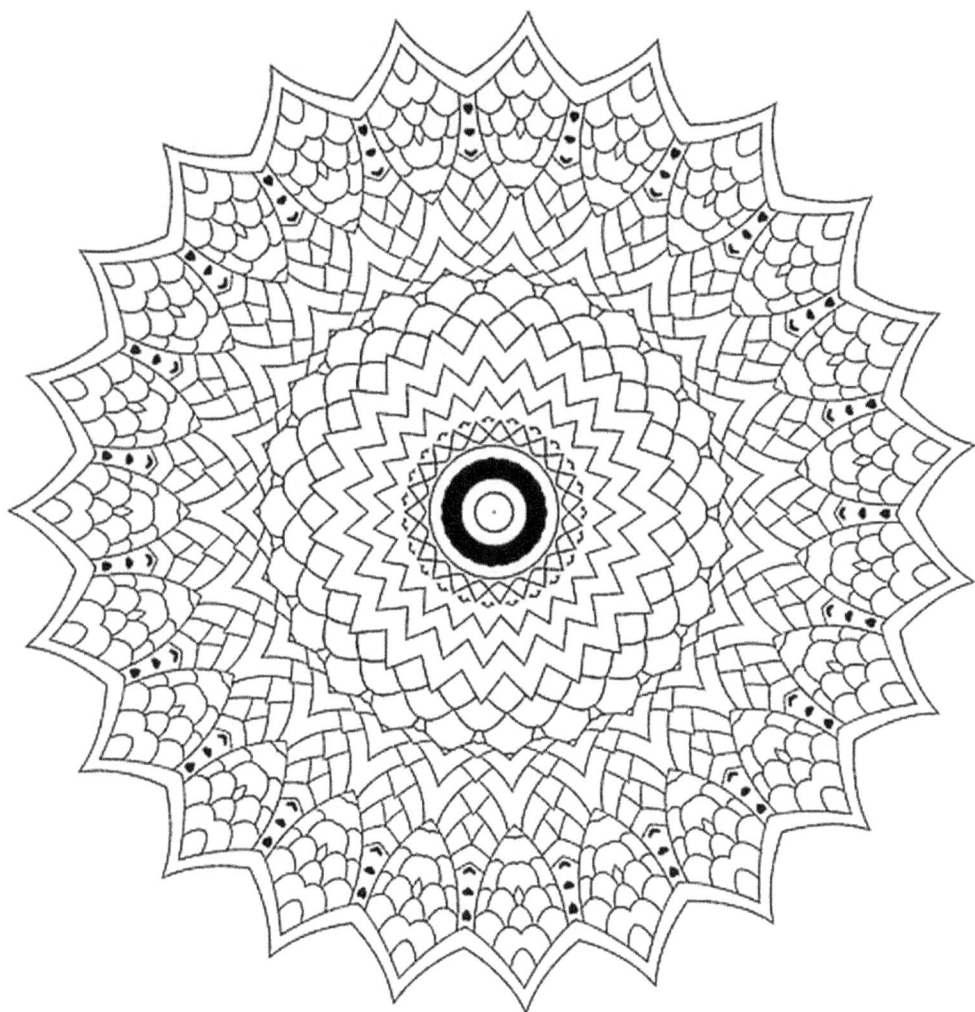

*Certi uomini vedono le cose come sono e dicono:
"Perché". Io sogno cose mai esistite e dico: "Perché no?"*

George Bernard Shaw

18. ALIENI SBIGOTTITI

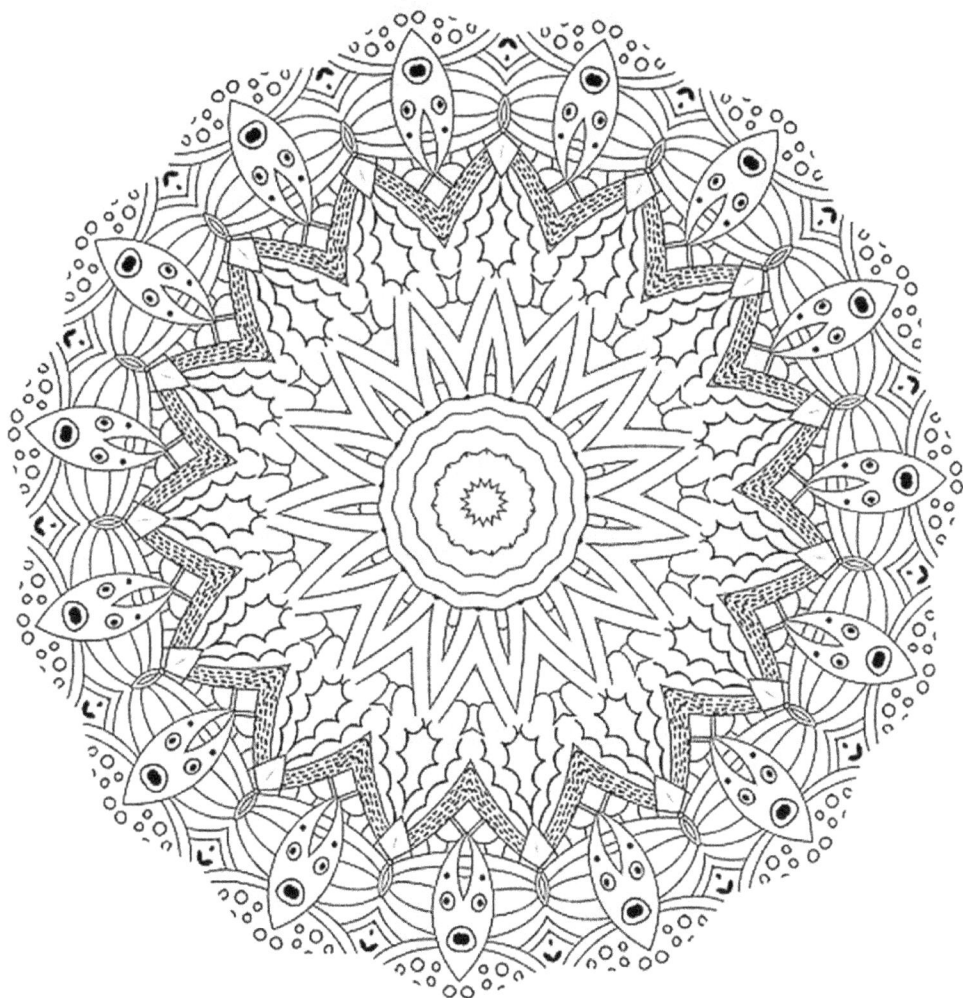

Soltanto una cosa rende impossibile un sogno: la paura di fallire.

Paulo Coelho

19. BIMBI TONTI

Il fallimento non avrà mai il sopravvento su di me se la mia determinazione ad avere successo è abbastanza forte.

Og Mandino

20. GUFI ULULANTI

Si sempre come il mare che infrangendosi contro gli scogli, trova sempre la forza di riprovarci.

Jim Morrison

21. PIPISTRELLI FUORI DI TESTA

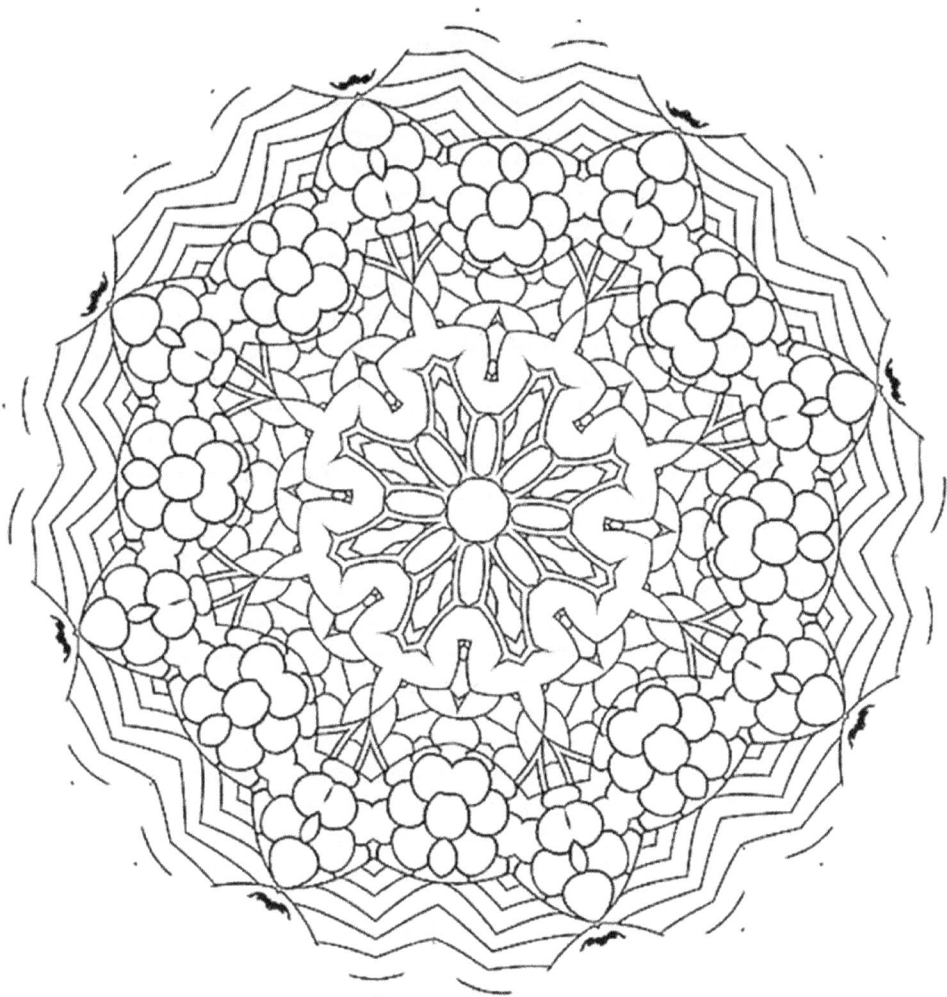

Cambia tre abitudini all'anno e otterrai risultati fenomenali.

Anonimo

22. PESCE KAMIKAZE

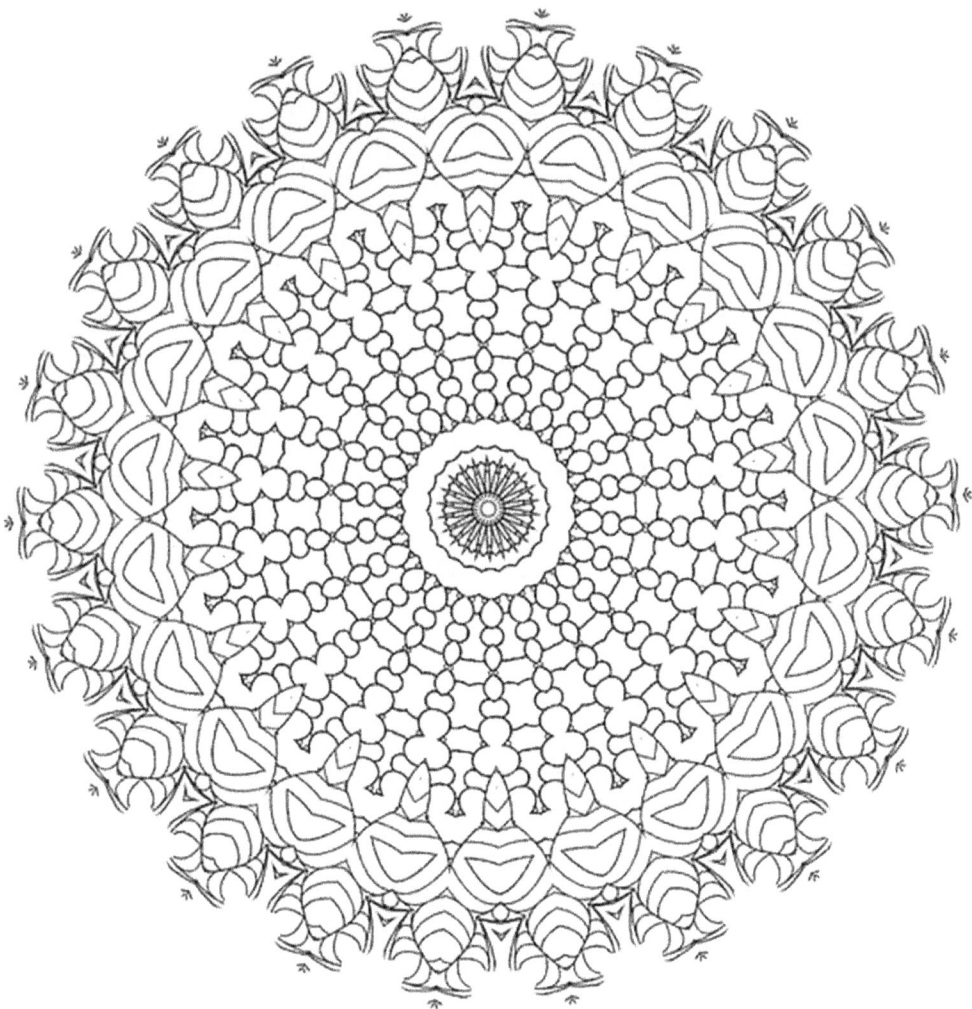

*La logica vi porterà da A a B. L'immaginazione vi
porterà dappertutto*

Albert Einstein

23. I RE DEL MAZZO

Se l'opportunità non bussa, costruisci una porta.

Milton Berle

24. GATTI IN MASCHERA

Se vuoi qualcosa che non hai mai avuto, devi fare qualcosa che non hai mai fatto.

Thomas Jefferson

25. TOPI DA GUARDIA

*Il successo non è definitivo e l'insuccesso non è fatale.
L'unica cosa che conta davvero è il coraggio di
continuare.*

Winston Churchill

26. FALENE VERSO LA FIAMMA

Il mondo è pieno di persone di successo, alle quali era stato detto più e più volte che il loro sogno era impossibile…Scelsero di non ascoltare.

Anonimo

27. TAGLIATELE LA TESTA

Non credo che tu debba essere migliore di chiunque altro. Credo che tu debba essere migliore di quanto tu abbia mai pensato di poter essere.

Ken Venturi

28. AL SETTIMO CIELO

"Ben fatto" è meglio che "ben detto".

Benjamin Franklin

29. STUOLO DI GUFI

Se vuoi realmente fare qualcosa troverai il modo… Se non vuoi veramente troverai una scusa.

Jim Rohn

30. HULI DI PAPUA

Quello che fai oggi puo' migliorare tutti i tuoi domani.

Ralph Marston

31. CONGRESSO DI GUFI

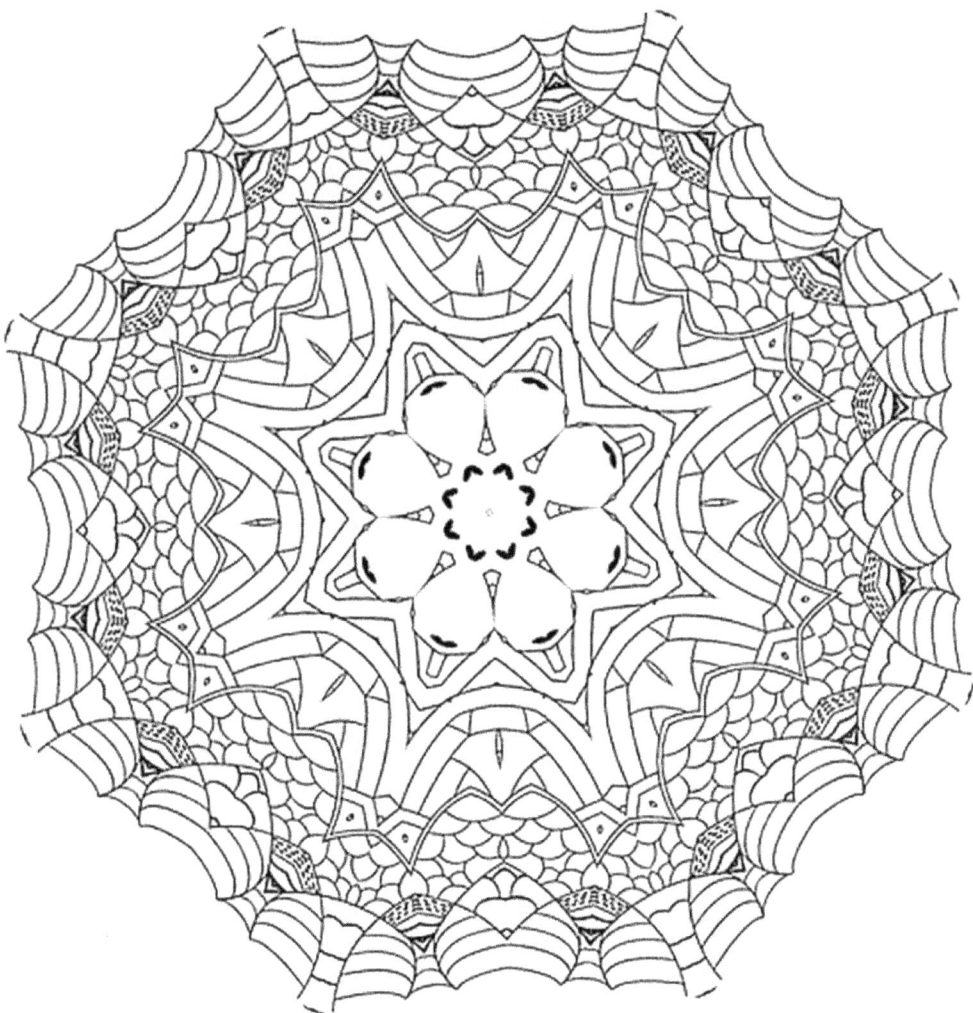

Non sei mai troppo vecchi per fissare un altro obiettivo o per sognare un nuovo sogno.

C.S. Lewis

32. AGGIRAMENTO A TENAGLIA

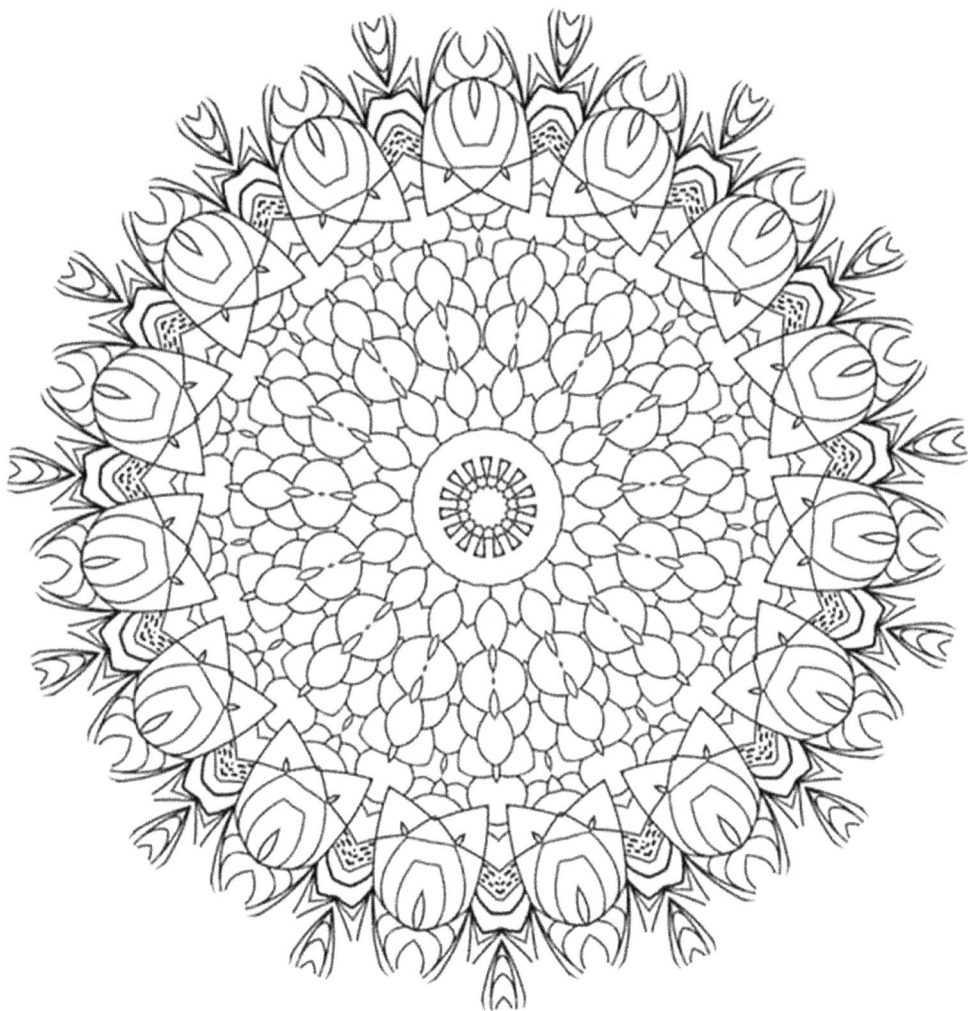

Le sfide sono ciò che rendono la vita interessante...
Superarle è ciò che le dà siginificato.

Joshua J. Marine

33. FUNGHI PSICHEDELICI

Devi imparare le regole del gioco. E poi devi giocare meglio di chiunque altro.

Albert Einstein

34. PRONTI AL DECOLLO!

Fai le cose difficili quando sono facili, e inizia le grandi cose quando sono piccole. Un viaggio di mille miglia deve iniziare con un singolo passo.

Lao Tzu

35. RAZZO IN PARTENZA

Niente è davvero difficile se lo si divide in tanti piccoli pezzettini.

Henry Ford

36. RAZZI A RAZZO

Le persone che aspettano che tutte le condizioni siano perfette prima di agire, non agiscono mai.

Anonimo

37. ACCOZZAGLIA DI CONCHIGLIE SULLA CHIGLIA

Se i tuoi sogni non ti spaventano… Sogna ancora più in grande.

Anonimo

38. CONIGLI SCHIVI

I perdenti vedono dei temporali, i vincenti vedono degli arcobaleni.
I perdenti vedono strade ghiacciate, i vincenti mettono su i pattini da ghiaccio!

Denis Waitley

39. ANGELI CHE DORMONO

Il successo è l'abilità di passare da un fallimento all'altro senza perdere l'entusiasmo.

Winston Churchill

40. RONDINI CHIAZZATE

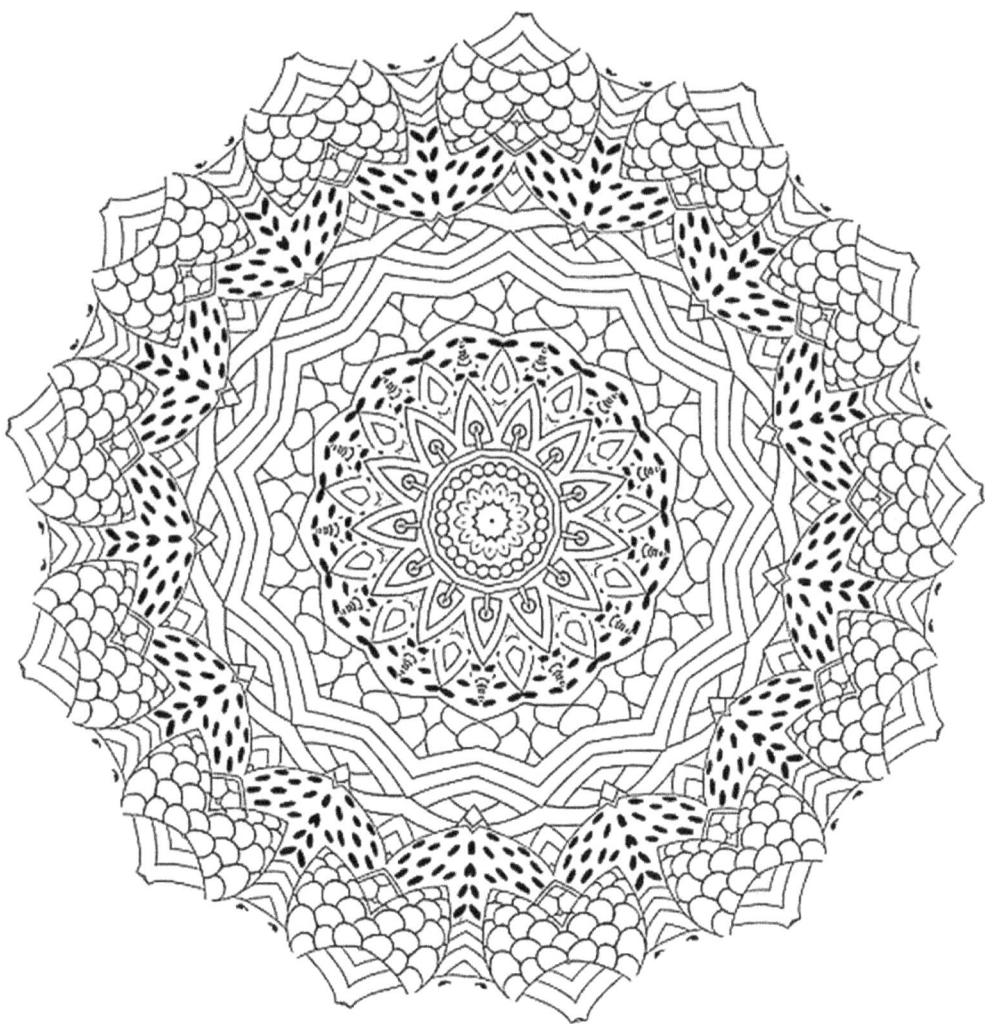

Il dolore ti rende più forte. La paura ti rende più coraggioso. Il fallimento ti rende migliore.

Anonimo

41. SORPRESA!

*Quel che abbiamo alle spalle e quel che abbiamo davanti
sono piccole cose se paragonate a ciò che abbiamo dentro.*

Ralph Waldo Emerson

42. TERRIER PARLANTI

Il mondo è nelle mani di coloro che hanno il coraggio di sognare e di correre il rischio di vivere i propri sogni.

Paulo Coelho

43. SBADIGLIO IN TECHNICOLOR

La distanza tra i tuoi sogni e la realtà si chiama azione.

Anonimo

44. IL NATALE DELLE FARFALLE

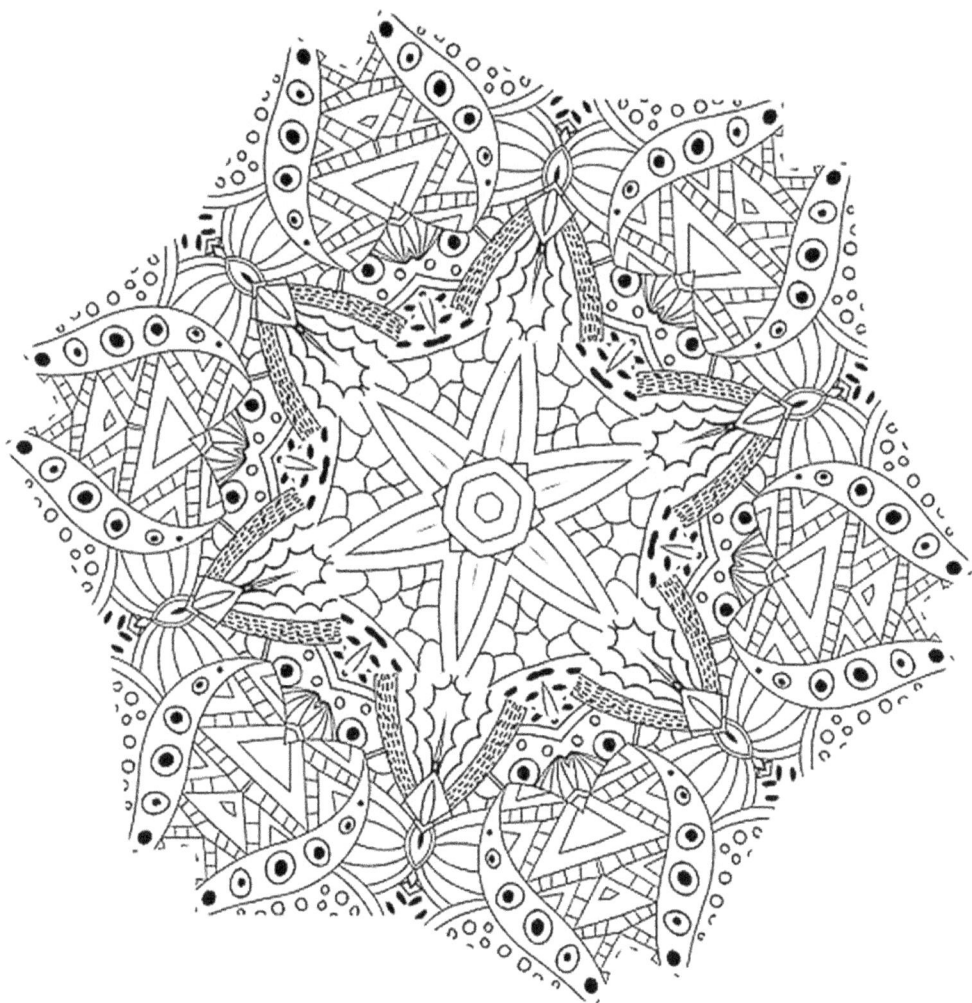

Successo non è solo ciò che realizzi nella tua vita, ma anche ciò che ispiri nella vita degli altri.

Anonimo

45. LE DEE DELLA TIGRE

Non aspettare il momento giusto per fare le cose, l'unico momento giusto è adesso.

Anonimo

46. GIGLI DI TIGRE

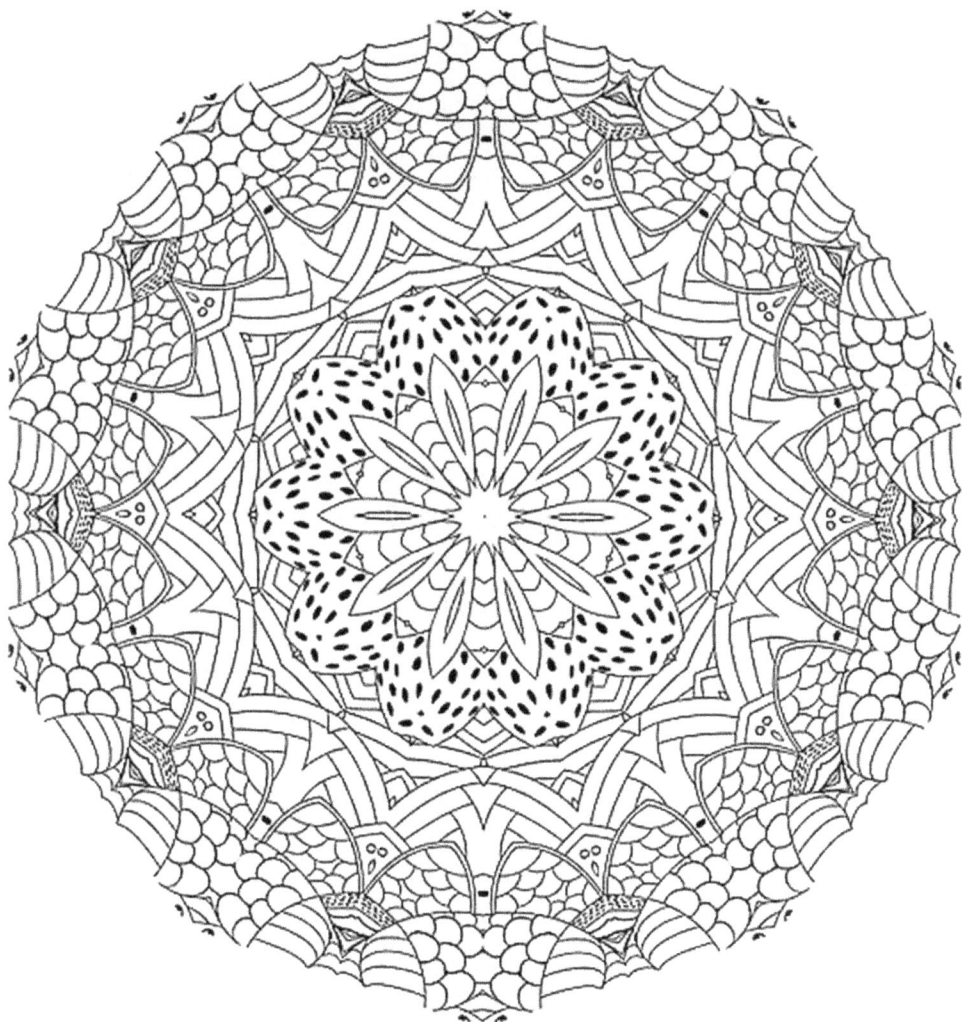

Gli ostacoli sono quelle cose spaventose che vedi quando togli gli occhi dalla meta.

Henry Ford

47. IL CERCHIO DELLE FATE

Per avere successo bisogna porsi queste quattro domande:
Perché? Perché no? Perché non io? Perché non adesso?

James Allen

48. TESTUGGINI TRAUMATIZZATE

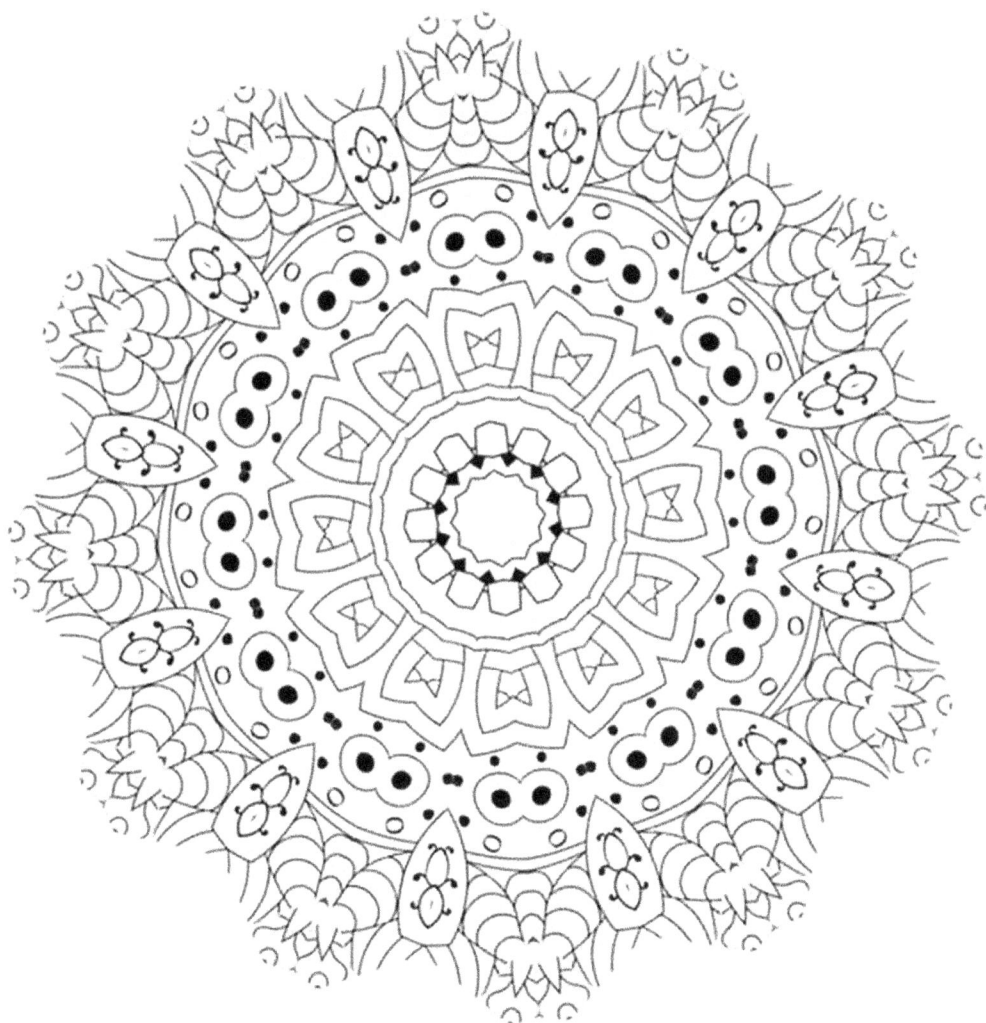

Non puoi scoprire nuovi oceani fino a quando non hai il coraggio di perdere di vista la spiaggia.

Anonimo

49. TREMORI TRIBALI

La lucidità di un artista è tanto involontaria quanto la sua ispirazione.

Nicolás Gómez Dávila

50. MOLTO INCA

Speriamo che questo libro ti sia piacuto. Ci piacerebbe conoscere la tua opinione.

Visita il nostro sito www.dramallamapress.com o scriverci a info@dramallamapress.com

www.ingramcontent.com/pod-product-compliance
Lightning Source LLC
Chambersburg PA
CBHW061752020426
42331CB00006B/1438